Toulouse , le 22 Floréal , l'an second de la république,
une & indivisible.

ALEXANDRE BONNARD , commissaire-
ordonnateur de l'artillerie ,

*A MARC-ANTOINE JULLIEN ,
membre de la commission exécutive de l'instruc-
tion publique.*

IL y a long-temps , frere & ami , que je me pro-
posois de te faire parvenir les details de la fête patrio-
tique qui a eu lieu dans le grand parc d'artillerie de
Toulouse , Décadi passé , 10 Floréal courant ; mais
l'incertitude où j'étois sur la prolongation de ton
séjour à Bordeaux , a retardé cet envoi. Maintenant
que je suis assuré que tu t'es rendu à Paris , & que tu
y as commencé l'exercice des nouvelles fonctions qui
te sont confiées , je n'hésite point à te les y adresser.
Quelque tardive que soit l'exécution du vœu de tous les
bons Sans-culottes attachés aux établissemens de l'artillerie , tu apprécies trop les jouissances de leurs cœurs
& les expressions naïves de leur enthousiasme , pour
ne pas accueillir ce récit avec intérêt. Je t'invite à le

répandre , pour que tous les vrais républicains puif-
fent juger de l'efprit public qui regne parmi nous.

DEPUIS long-temps les ouvriers & employés dans
les établiffemens de l'artillerie défiroient avec impa-
tience de fe réunir pour célébrer la fête de la liberté ,
& renouveler l'arbre ftérile qu'ils lui avoient confacré.
L'exemple de quelques fections de la ville , qui les
avoient déjà devancés , agiffoit fortement fur leurs
ames. La vue de ces fimulacres chéris qu'ils rencon-
trent fur les places publiques , leur fait fentir plus
vivement le befoin d'avo'r au milieu d'eux un point
de ralliement qui ferve auffi de centre à leurs hommages. Nous remarquions avec joie ces impulfions
civiques & fraternelles qui fembloient donner l'élan à
un enthoufiafme général , & nous nous plaifions à en
fuivre les mouvemens.

Quand tout-à-coup ces bons Sans-culottes fe réu-
niffent , & par un inftinct involontaire , tous les ateliers fe trouvent confondus.

Chefs d'adminiftrations , officiers , employés , ouvriers , manœuvres , &c. tous s'élancent à la fois pour
faire la même propofition. On eût dit que ces établiffemens immenfes n'avoient qu'un feul organe.

On propofe , on délibere , on arrête le jour où la
fête fera célébrée. On charge douze commiffaires du
foin du plan & des détails ; on invite tous les artiftes

à déployer les reſſources de leur imagination & de leurs talens pour embellir cette auguſte cérémonie ; on engage tous les citoyens à conſacrer tous les momens de leurs loiſirs pour l'exécution des arrangemens préparatoires.

Que les républicains ſenſibles calculent les mouvemens de zele & les ſoins empreſſés de chacun, juſqu'au jour fortuné qui avoit été déſigné pour la plantation de l'arbre.

J'arrive tout de ſuite au Décadi matin, à peu-près une heure avant que la rénion fraternelle ſe fût formée.

L'air étoit tranquille : le ciel couvert d'une teinte demi-ſombre, ſembloit provoquer un ſilence religieux. Les ouvriers épars çà & là rattachent quelques feuillages, & eſſaient d'ajouter encore aux embelliſſemens dont ils ont décoré le lieu qui doit être le théâtre de leur alégreſſe.

Peindrai-je les diſpoſitions heureuſes que le génie du patriotiſme a enfantées ? Le Sans-culotte pénetre dans le parc ſous une voûte de lauriers. Le portique verdoyant qui le guide juſqu'aux ateliers où ſe forge la foudre, lui préſente l'image de la route glorieuſe que doivent parcourir nos ſoldats victorieux. De toutes parts des inſcriptions mâles & énergiques enflamment ſon enthouſiaſme. On lit ſur la porte : ICI SE PRÉPARENT LES ARMES DES DÉFENSEURS DE LA PATRIE. Plus bas : Tout citoyen est une sentinelle vigilante qui doit être sans cesse en permanence contre les embuches de l'aristocratie. Plus loin : Les canons de l'église romaine détruisoient les vertus sociales ; les canons du peuple français anéantissent les ennemis de l'humanité et les soutiens du fanatisme.

On parvient au milieu des deux grands ateliers. La place est couverte de canons, de mortiers, de bombes, de boulets, de caiſſons, de chariots, de trains & munitions d'artillerie de tous les genres. Cet aſſemblage belliqueux offre tout-à-coup aux yeux du ſpectateur le tableau majeſtueux, mais terrible, des grandes reſſources deſtinées à aſſurer les droits du peuple. Une allée d'ormeaux qui borde les bâtimens, conduit au pied de la montagne ſainte que les Sans-culottes du parc ont élevée, & ſous l'influence de laquelle ils doivent planter l'arbre chéri.

C'eſt au milieu d'une rotonde ſpacieuſe & verdoyante que ſe réuniront tous les vœux des artiſtes républicains qui travaillent dans cet établiſſement ; c'eſt dans ſon centre, & conformément aux projets d'agrandiſſement dont l'enſemble du parc eſt ſuſceptible, que doit s'élever l'arbre majeſtueux qu'ils vont conſacrer ; c'eſt en préſence des buſtes glorieux de Marat, de Pelletier, de Challier, de Beauvais, de Barra, qu'ils vont ſe donner le baiſer fraternel , gage de l'accord unanime de leurs vœux & de leurs efforts.

On lit parmi les guirlandes qui décorent cette enceinte : LES VERTUS SONT LA BASE DU GOUVERNE-MENT POPULAIRE ; L'HOMME CORROMPU NE PEUT CONNOÎTRE LE PRIX DE LA LIBERTÉ ; IL N'Y A DE SOUVERAIN LÉGITIME QUE LE PEUPLE ; MALHEUR À L'INSENSÉ QUI OSEROIT ATTENTER A SES DROITS ; VIVE LA RÉPUBLIQUE FRANÇAISE UNE ET INDIVISIBLE ! PÉRISSENT SES DÉTRACTEURS ET LES ÉGOÏSTES QUI REFUSENT DE VERSER LEUR SANG POUR L'AFFERMIR !

L'heure de la cérémonie fonne ; le bruyant airain annonce l'arrivée du repréfentant du peuple. Beauchamp entre au milieu d'une foule de guerriers , d'artiftes , de magiftrats , d'adminiftrateurs qui fe font confondus dans un défordre fraternel. Ce cortege ne fe nomme point un raffemblement méthodique d'autorités civiles & militaires , c'eft tout fimplement un affemblage , une foule de Sans-culottes de tout âge , de tout fexe , de toute forte d'emplois & de fonctions , qui ne portent d'autre caractere que celui de la joie & de la fraternité.

Bientôt la rotonde eft remplie , & offre un groupe immenfe autour de la fainte montagne. Les Sans-culottes préparent la place où doivent germer les racines de l'arbre facré ; leurs mains l'y tranf-portent avec enthoufiafme , & chacun s'empreffe de

le couvrir de la terre libre qui doit affurer fa fécon-
dité.

La citoyenne Riquier , artifte dramatique, reçoit
une hymne analogue à la fête (1). Elle s'élance au
pied de l'arbre que la main du repréfentant du peuple vient d'affermir, & y entonne cette hymne avec
toute l'expreffion du fentiment. Sa voix pénetre
toutes les ames ; l'émotion fufpend tous les mouvemens. Mais bientôt les Sans-culottes ne peuvent
plus modérer leur ivreffe : les accens fe confondent ;
mille cris joyeux fe joignent au refrain que chacun
répete avec tranfport ; les bouches d'airain vomiffent
le tonnerre : le monde femble ébranlé d'avance par
les vœux qui préfagent la deftruction de la tyrannie.

Le cortege défile & fe rend au temple de la rai-
fon. O jour faint & à jamais mémorable ! On eût
dit que le fentiment précieux qui enflammoit les
Sans-culottes du parc, avoit paffé dans tous les cœurs.
Les buftes de *Marat* & de *Pelletier* fe préfentent,
portés chacun fur un bouclier par des groupes de
fociétaires , avec une montagne , fymbole de l'éner-
gie qui éleva l'ame de ces martyrs de la liberté. On
ne diftingue plus alors quels font ceux qui viennent
d'offrir leurs hommages à la liberté, quels font ceux qui
vont confacrer la mémoire des légiflateurs morts pour

---

(1) Cette hymne eft imprimée à la fuite du récit.

la patrie. Tous paroiſſent guidés par le même enthouſiaſme ; toutes les bouches expriment les mêmes
accens : *Vive la liberté ! vive la montagne ! mort aux
tyrans , paix aux peuples !* On prononce des diſcours
en l'honneur des grands hommes qui ſe ſont dévoués
aux coups de la tyrannie , & la cérémonie ſe ter-
mine par le chant de pluſieurs hymnes patriotiques
que le chœur des artiſtes des deux théâtres réunis
entonne , & qu'un long écho répete juſques dans les
rues adjacentes du temple de la raiſon.

Un repas ſe préparoit dans le parc d'artillerie ,
non par les travaux recherchés des cuiſiniers , des
traiteurs & autres agens des anciens Lucullus , mais
par le ſoin des épouſes , des meres & des filles
des employés de cet établiſſement. La grande ſalle au-
deſſus des ateliers en bois devoit être le rendez-
vous du feſtin frugal. Deux tables de cinquante toi-
ſes de longueur chacune en bordent les faces latté-
rales ; d'autres grandes tables ſont dans le fond ;
un plateau exagone eſt au milieu. Des guirlandes ,
des emblêmes , des buſtes chers aux républicains ,
décorent ce ſéjour du plaiſir & de la fraternité. La
ſimplicité des apprêts en ravive le ſentiment. Les
tables ne brillent point de riches tapis , de couverts
précieux , de mets délicats ; leur bois tout nu reçoit
les alimens ſimples & groſſiers qui font la nourriture
journaliere du Sans-culotte. Mais la propreté & l'ap-

petit excitent le goût, & le bon vin préfage la gaieté.

Déjà tout le monde étoit réuni. Plus de quinze cents perfonnes de tout âge & de tout fexe étoient affifes autour des tables. Le repréfentant du peuple, placé au centre de la falle, fous un niveau fufpendu à la charpente, paroiffoit préfider au facrifice dédié à la divinité tutélaire du lieu. Les ames fe recueillent un moment dans le filence; un coup de canon donne le fignal, & le repas commence.

Je ne ferai point ici le dénombrement des toafts patriotiques qui furent portés fucceffivement; je ne rappellerai point les chants joyeux & civiques qui leur fuccéderent, & prolongerent long-temps la jouiffance du feftin. On conçoit affez quels font les tranfports des républicains quand ils fe trouvent réunis : l'enthoufiafme des ames libres eft toujours bruyant & expanfif.

A peine le repas fut-il achevé, que dans un clin d'œil toutes les tables difparurent. Des groupes de menetriers s'établiffent de diftance en diftance, & les Sans-culottes fe livrent au plaifir de la danfe.

Le foleil s'étoit caché fous l'horizon, & la nuit commençoit à étendre fes voiles. On fait la précaution que la fureté des arfenaux exige : le bruit du tambour fe fait entendre, & tous les convives font invités à fe retirer. Mais il falloit terminer cette heu-

reufe journée par un divertiffement qui répondît à
fon éclat, & laiffât encore des traces d'admiration dans
l'efprit de tous les fpeétateurs. Les artificiers qui ne font
pas les moins ardens à donner des preuves de leur
zele pour le fervice de la républ que, en fourniffent
dans cette occafion de leur intell gence & de leurs
talens. Une compofition magique de feux d'artifice
étoit préparée fur le rempart. Au moment où la foule
fe précipite pour fortir, mille gerbes de feu s'élancent de tous côtés & arrêtent fes pas. Un torrent de
fufées roule dans les airs, & femble porter à l'Eternel
le fublime hommage de la reconnoiffance & de l'ef-
poir du bonheur. Les regards font ramenés fur un
arbre pyramidal & brillant d'étincelles. Le mouve-
ment, la variété des feux furprennent tour-à-tour.
L'œil ravi regrette la brièveté du fpeétacle. Mais ici
chacun eft forcé de fe féparer, & chacun emporte en
fe retirant une partie de la douce gaieté à laquelle il
vient de fe livrer, de l'attendriffement que lui a caufé
la cérémonie augufte & le vif défir d'accélérer la def-
truétion des tyrans, pour affurer la fouveraineté du
peuple, qui eft le feul garant de fa félicité.

A. BONNARD.

HYMNE PATRIOTIQUE

Chantée fur l'air : *Vous qui d'amoureufe aventure*, &c.

A M I S, dans ce jour d'alégreffe,
La vertu nous guide au plaifir :
Nos cœurs pleins d'une fainte ivreffe
Ne connoiffent qu'un feul défir.
   Uniffons nos accens ;
Que par-tout l'écho retentiffe :
    Célébrons par nos chants
La fête de la liberté.
Que l'ariftocrate frémiffe   (*bis.*)
Aux tranfports de notre gaîté.

 Arbre divin, heureux fymbole,
O toi qu'ont confacré nos mains !
Tu feras à jamais l'idole
Et l'amour des républicains.
   Plus d'autels, plus d'encens ;
Oublions l'antique impofture :
    Affez long-temps
Elle avilit l'humanité ;
Le vrai culte de la nature   (*bis.*)
Eft celui de la liberté.

Amis, croyez-en mon préfage :
Bientôt nos maux feront finis.
Dans peu, fous ce naiffant feuillage,
Nous nous verrons tous réunis.
   Joyeux, contens,
Ceints du bandeau de la victoire,
   De nos accens
Nous frapperons encor les airs :
Nous célébrerons notre gloire   (*bis.*)
Et le bonheur de l'univers.

De nos brillantes deftinées
Accélérons donc les inftans.
Ne calculons plus nos années,
Que quand nous ferons triomphans.
   Talens, tréfors,
Que tout fans réferve s'uniffe :
   Dans nos efforts
Que le zele feul foit compté.
Eft-il donc quelque facrifice   (*bis.*)
Quand on conquiert la liberté ?

Vous qui, pour venger la patrie,
De nos freres armez les bras,
Artiftes, de qui l'induftrie
Aux tyrans forge le trépas,
   Dans vos travaux

Redoublez de foin , de conftance :

Point de repos

Avant d'affurer nos fuccès.

Vous aurez votre récompenfe   (*bis.*)

Dans le cœur de tous les Français.

F I N.